Devesh Katiyar
Divya Singh

Desenvolvimento de um modelo para a segurança de serviços Web de spam

Devesh Katiyar
Divya Singh

Desenvolvimento de um modelo para a segurança de serviços Web de spam

ScienciaScripts

Imprint

Cover image: www.ingimage.com

This book is a translation from the original published under ISBN 978-620-2-00524-1.

Publisher:
Sciencia Scripts
is a trademark of
Dodo Books Indian Ocean Ltd. and OmniScriptum S.R.L publishing group

120 High Road, East Finchley, London, N2 9ED, United Kingdom
Str. Armeneasca 28/1, office 1, Chisinau MD-2012, Republic of Moldova, Europe
Printed at: see last page
ISBN: 978-620-7-90392-4

Índice:

LIVRO

DESENVOLVIMENTO DE UM MODELO PARA A SEGURANÇA DE

SERVIÇOS WEB SPAM

Autores:

Dr. Devesh Katiyar e Divya Singh

Endereço para correspondência:

Departamento de Ciências Informáticas
Dr. Shakuntala Misra Universidade Nacional de Reabilitação,
Lucknow-226017
ÍNDIA
Emailkatiyardevesh@gmail.com

Capítulo 1

INTRODUÇÃO

Há uma procura crescente de tecnologias que suportem a ligação ou a partilha de recursos e dados de uma forma muito flexível e normalizada. Devido ao facto de as tecnologias e as implementações variarem entre empresas e até mesmo dentro de divisões ou departamentos, os processos empresariais unificados não podem ser facilmente suportados pela tecnologia. A integração só é possível entre unidades que já se conhecem e que utilizam as mesmas aplicações estáticas.

A tecnologia dos serviços Web, que permite a interoperabilidade de sistemas díspares a um nível elevado com facilidade, carece de um quadro comum para a segurança. Embora tenham sido feitas algumas tentativas para resolver este problema, a maior parte dessas tentativas apresenta uma solução que utiliza variações de tecnologias já em uso. Estas técnicas, que estão efetivamente comprovadas no terreno, não se coadunam com a natureza interoperável e pouco acoplada da tecnologia dos serviços Web. A nova norma emergente de segurança dos serviços Web (WS- Security), juntamente com outras extensões do grupo de tecnologias WS-*, tem como objetivo esta falta de um quadro de segurança comum (Atkinson, et al. 2002).

Os serviços Web são uma nova geração de aplicações Web. São aplicações autónomas, autodescritivas e modulares que podem ser publicadas, localizadas e invocadas na Web. Os serviços Web executam funções que podem ser desde simples pedidos de informação até à criação e execução de processos empresariais complicados. Quando um serviço Web é implementado, pode ser descoberto e invocado por outras aplicações (ou outros serviços Web)

A principal vantagem da utilização de serviços Web é a capacidade de criar aplicações em tempo real através da utilização de componentes de software reutilizáveis e fracamente acoplados. Este facto tem implicações fundamentais tanto nas tecnologias como nas aplicações empresariais. O software pode ser fornecido e pago como fluxos fluidos de serviços, por oposição a produtos embalados. É possível obter uma interoperabilidade automática e dinâmica entre sistemas para realizar tarefas comerciais. Os serviços empresariais podem ser completamente descentralizados e distribuídos através da Internet e acedidos por uma grande variedade de dispositivos de comunicação. As empresas podem ser libertadas do ónus da integração de software complexo, de baixo custo e dispendioso e, em vez disso, concentrar-se no valor das suas ofertas e nas tarefas de missão crítica. Assim, a Internet tornar-se-á uma plataforma global comum onde as organizações e os indivíduos comunicam entre si para realizar várias actividades comerciais e fornecer serviços de valor acrescentado. Os obstáculos ao fornecimento de novas ofertas e à entrada em novos mercados serão reduzidos para permitir o acesso das pequenas e médias empresas. As empresas dinâmicas e as cadeias de valor dinâmicas tornam-se exequíveis e podem mesmo ser obrigatórias para obter vantagens competitivas [2].

A estrutura dos serviços Web está dividida em três áreas - protocolos de comunicação, descrições de serviços e descoberta de serviços - e estão a ser desenvolvidas especificações para cada uma delas. Neste artigo, analisamos as seguintes especificações que são atualmente mais salientes e estáveis em cada área:

O protocolo de acesso a objectos simples (SOAP) que permite a comunicação entre serviços Web;

A Linguagem de Descrição de Serviços Web (WSDL), que fornece uma descrição formal e legível por computador dos serviços Web; e

O diretório UDDI (Universal Description, Discovery and Integration) que é um registo de descrições de serviços Web.

A norma de segurança dos serviços Web é formada por organizações independentes apoiadas por grandes fornecedores do sector, como a IBM, a Microsoft, a RSA e a Verisign. Embora se tenha conseguido algum alinhamento na visão, na prática há um debate em curso. Este debate, embora seja positivo para o avanço da tecnologia, resulta numa penetração lenta da tecnologia. Continuam a faltar produtos comprovados que aproveitem estas tecnologias.

Esta tese tem como objetivo sugerir uma arquitetura de segurança de serviços Web abrangente e extensível e fornecer uma implementação, compreensão e eficiência desta nova tecnologia. A conceção e a arquitetura do estudo de caso analisado nesta tese são implementadas utilizando uma combinação de várias especificações de segurança de serviços Web. Embora existam especificações alternativas que continuam a competir para se tornarem normas de facto, acreditamos que a seleção de especificações ganhou recentemente ímpeto e que o sucesso em tornar-se uma norma de facto está num futuro próximo.

Capítulo 2

ARQUITECTURA ORIENTADA PARA OS SERVIÇOS

2.1 Arquitetura orientada para os serviços Orview

A arquitetura orientada para os serviços (SOA) é um estilo de arquitetura que utiliza métodos e tecnologias que permitem às empresas ligar e comunicar dinamicamente aplicações de software entre diferentes parceiros comerciais e plataformas, oferecendo serviços genéricos e fiáveis que podem ser utilizados como blocos de construção de aplicações, permitindo assim desenvolver aplicações e sistemas de informação mais ricos e avançados (Sun Microsystems Inc. 2006).

O desenvolvimento de software torna-se cada vez mais difícil à medida que crescem as necessidades e os desejos de dispor de infra-estruturas complexas capazes de resolver problemas do mundo real. Do mesmo modo, as melhorias tecnológicas, através de muitas tendências e alternativas, permitem construir arquitecturas compostas para o desenvolvimento de sistemas de software. A arquitetura de software explora a infraestrutura do sistema de software descrevendo os seus componentes e as interacções de alto nível entre cada um deles. Estes componentes são módulos abstractos construídos como uma "unidade" com outros componentes. As interacções de alto nível entre os componentes são designadas por "conectores". A configuração dos componentes e dos conectores descreve a forma como um sistema está estruturado e se comporta (McGovern, et al.2003), como mostra a Figura 2.1.

Figura 2.1. Definição abstrata da arquitetura de software

(Fonte: McGovern, et al. 2003)

A arquitetura de software de um programa ou sistema informático é a estrutura ou estruturas do sistema, que inclui componentes de software, as propriedades visíveis externamente desses componentes e a relação entre eles (Bass, et al. 1997). Para simplificar a complexidade da arquitetura, convencionalmente, o sistema é construído com módulos, que envolvem funções, objectos, componentes e serviços.

A arquitetura orientada para os serviços (SOA) é um tipo específico de arquitetura de software com características distintas. O conceito de SOA surgiu no início da década de 1980 (Magedanz, et al. 2007) e tornou-se um estilo arquitetónico importante, especialmente após a invenção dos serviços

Web. Antes de examinar a arquitetura em pormenor, é importante avaliar os conceitos de desenvolvimento de software existentes e as tecnologias relacionadas para descobrir a revolução do SOA, de modo a não desenvolver o SOA a partir do zero.

O conceito de serviços é familiar a qualquer pessoa que faça compras em linha num sítio Web de comércio eletrónico. Quando o utilizador faz a sua encomenda, tem de fornecer os dados do seu cartão de crédito, que são normalmente autorizados e cobrados por um fornecedor de serviços externo.

Depois de a encomenda ter sido confirmada, a empresa de comércio eletrónico coordena com um fornecedor de serviços de expedição a entrega da compra. As aplicações de comércio eletrónico ilustram perfeitamente a necessidade de uma SOA. Se o componente de faturação do cartão de crédito estiver offline ou não responder, não se pretende que o processo de encomenda falhe. Em vez disso, pretende que a encomenda seja recolhida e que a operação de faturação prossiga mais tarde.

A Figura 2.2 apresenta um fluxo de trabalho concetual para uma empresa de comércio eletrónico que utiliza vários serviços para processar encomendas.

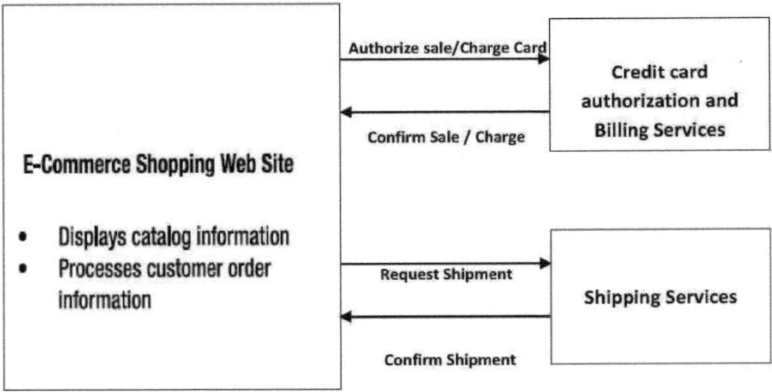

Figura 2.2. Fluxo de trabalho baseado em serviços para uma empresa de comércio eletrónico

A Figura 2.3 mostra uma SOA concetual que resume as três entidades principais de uma solução SOA típica:

- Prestadores de serviços

- Consumidores de serviços

- Directórios de serviços

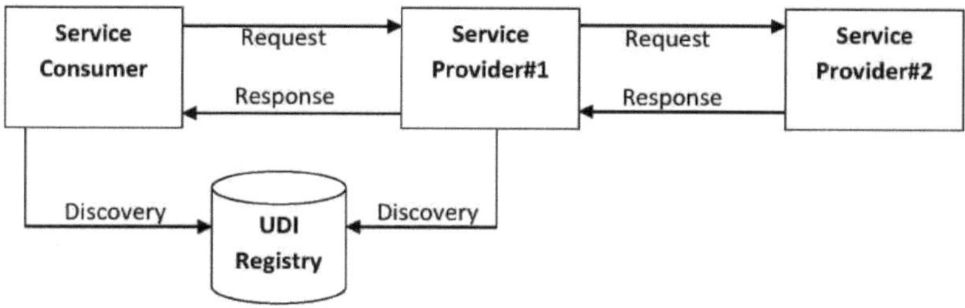

Figura 2.3. Solução SOA concetual

2.1.1 Entidades e características SOA

A Arquitetura Orientada para os Serviços é um estilo arquitetónico que define um modelo de interação entre três unidades funcionais principais, em que o consumidor do serviço interage com o fornecedor do serviço para encontrar um serviço que corresponda aos seus requisitos através de um registo de pesquisa. Um meta-modelo que descreve esta interação é mostrado na Figura 2.4 abaixo.

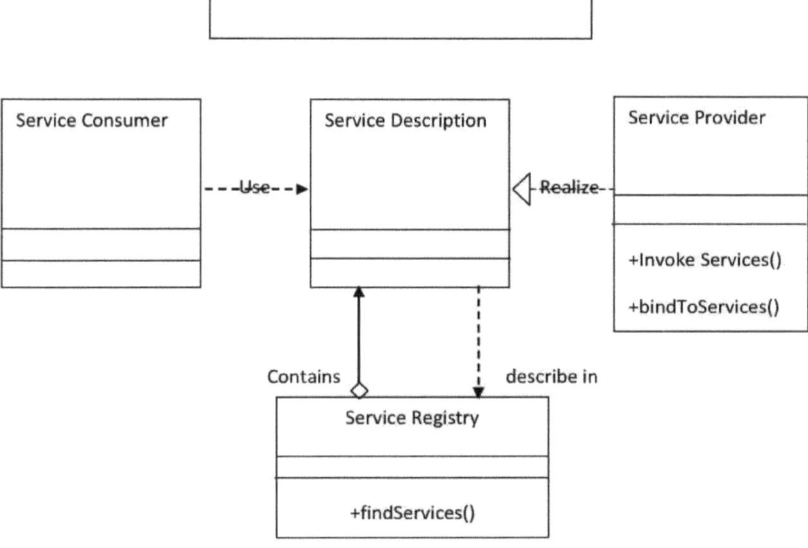

Figura 2.4. Modelo concetual da arquitetura orientada para os serviços

O SOA contém 6 entidades no seu modelo concetual, descritas da seguinte forma

(McGovern, et al. 2003):

- Serviço ao consumidor
- Fornecedor de serviços
- Registo de serviços
- Contrato de serviço
- Proxy de serviço
- Aluguer de serviços

A arquitetura orientada para os serviços reflecte princípios e características específicos que têm de ser aplicados na construção de infra-estruturas de aplicações orientadas para os serviços (SunMicrosystems 2001), que são descritos a seguir:

Os serviços são detectáveis e vinculados dinamicamente

- Os serviços são autónomos e modulares
- Os serviços são interoperáveis
- Os serviços são fracamente acoplados
- Os serviços têm uma interface endereçável à rede
- Os serviços têm interfaces de granularidade grosseira
- Os serviços são transparentes em termos de localização
- Os serviços podem ser compostos em novas aplicações
- A SOA suporta a auto-cura

2.1.2 Desenvolvimento orientado para os serviços

S serviços são a evolução de componentes em que múltiplas interfaces de componentes se formam numa única interface para executar uma função específica. Um serviço é um recurso abstrato com a capacidade de executar uma tarefa (Booth e Haas 2004).

S serviços têm o potencial de refletir funções comerciais, bem como definições de tarefas técnicas.

S serviços são concebidos e desenvolvidos para apoiar as seguintes características (Sehring 2006):

- Cada serviço define uma função empresarial específica e pode corresponder a actividades da vida real
- Um serviço pode ter vários procedimentos e operações

- Os serviços interagem com outros serviços e componentes do sistema num ambiente orientado para as mensagens, com um acoplamento flexível, para atingir os objectivos comerciais

- Os serviços têm interfaces claramente definidas e podem ser utilizados por muitos outros serviços e aplicações diferentes

- Os serviços não precisam de estar num ambiente distribuído

A Figura 2.5 ilustra o desenvolvimento baseado em serviços no contexto de componentes e objectos.

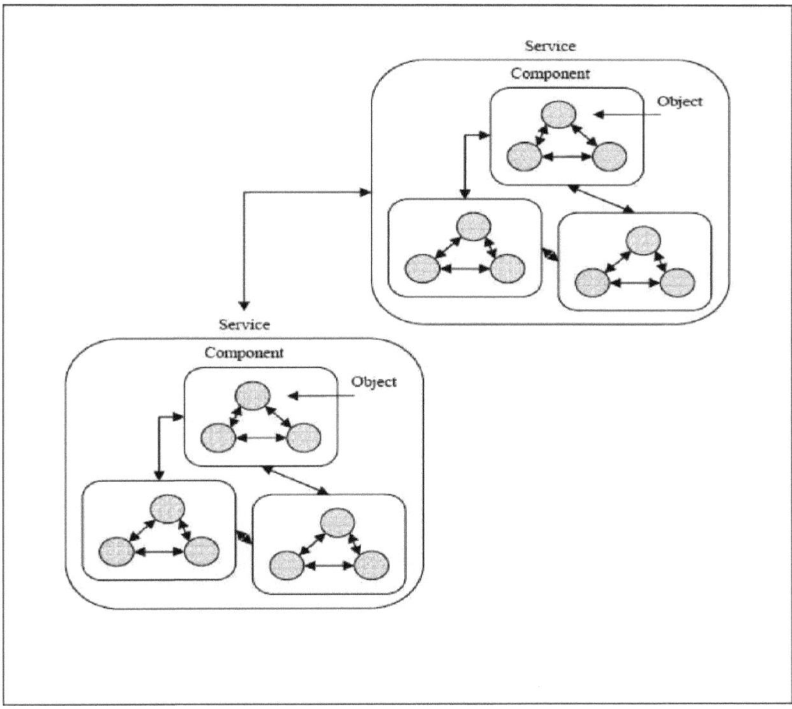

Figura 2.5. Desenvolvimento baseado em serviços

A arquitetura inicial do software baseia-se na conceção estruturada, que tem regras rígidas para o desenvolvimento de construções de software e um apoio limitado para permitir o desenvolvimento de aplicações robustas e sofisticadas. As tecnologias orientadas para objectos resultam num desenvolvimento de software inflexível que suporta o encapsulamento da lógica empresarial através de funções e classes de granularidade mais grosseira; no entanto, os benefícios tangíveis do desenvolvimento de aplicações robustas são obtidos através da progressão de componentes e serviços.

A Tabela 2.1 discute as características e funcionalidades de cada modelo de arquitetura de software.

2.1.3 Arquitetura SOA em camadas

Atualmente, o modelo de desenvolvimento de aplicações mais utilizado baseia-se numa estrutura arquitetónica de três camadas, que suporta uma camada adicional entre as camadas de cliente e de armazenamento de dados, como mostra a Figura 2.6. A camada adicional, designada por camada de lógica empresarial, permite isolar o código do cliente e partilhar a lógica da aplicação entre várias implementações do cliente. Trata-se de uma abordagem competente do desenvolvimento de software para a gestão flexível dos dados e a utilização dos recursos do sistema.

Estruturado Desenvolvimento	**Desenvolvimento orientado para objectos**	**Desenvolvimento baseado em componentes**	**Desenvolvimento baseado no remetente**
Estruturação muito fina do sistema Baixa capacidade de reutilização Acoplamento apertado Ter dependências em tempo de compilação Comunicação intra-aplicação âmbito	Estruturação do sistema de pequenos cereais Baixa capacidade de reutilização Acoplamento apertado Ter dependências em tempo de compilação Os blocos de construção são classes individuais Encapsulamento. Herança, Polimorfismo A funcionalidade é descrita por declarações de classe Dinâmico mas com grande número de objectos ligados	Médio - estruturação do sistema de grãos Reutilização média Acoplamento flexível Ter dependências em tempo de compilação Os blocos de construção são constituídos por várias **classes (componentes)** Interatividade", conetividade[7] , e permutabilidade de componentes Funcionalidade[7] é descrita por declarações de interface	Estruturação do sistema de grãos grossos Elevada capacidade de reutilização". Acoplamento flexível Ter apenas dependências de tempo de execução Os blocos de construção são constituídos por componentes Definição de interface publicada Serviços distribuídos dinamicamente detectáveis A "funcionalidade" é descrita por declarações de interface de componentes endereçáveis à rede Âmbito da comunicação inter-empresas

A SOA baseia-se no desenvolvimento de aplicações em n-camadas, em que os serviços são colocados em camadas sobre componentes responsáveis por fornecer determinadas funcionalidades e manter os requisitos de qualidade de serviço para os serviços (Sehring 2006), como mostra a Figura 2.7.

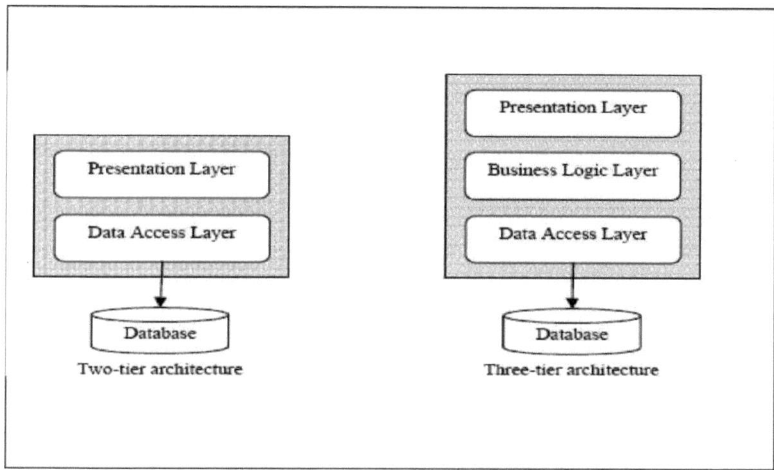

A SOA baseia-se no desenvolvimento de aplicações em n camadas, em que os serviços são colocados em camadas sobre componentes responsáveis por fornecer determinadas funcionalidades e manter os requisitos de qualidade de serviço para os serviços, como mostra a Figura 2.7.

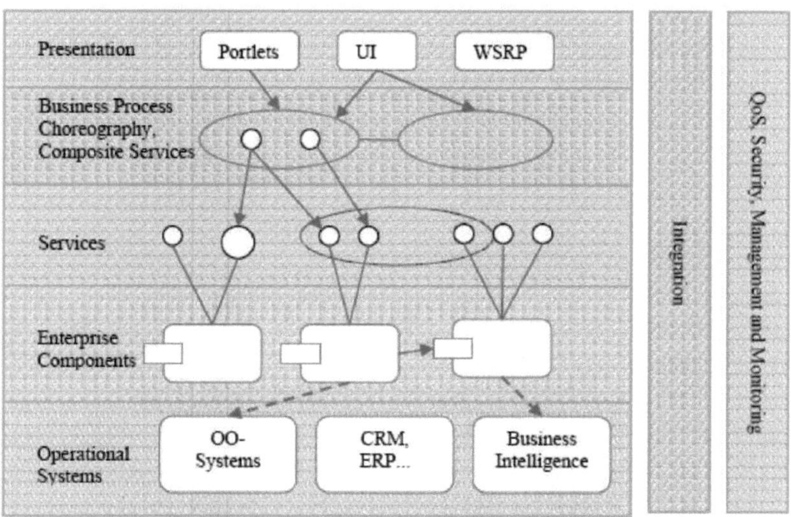

Figura 2.7. As camadas da arquitetura orientada para os serviços

2.2 Tecnologias para a arquitetura orientada para os serviços

A tecnologia inicial orientada para os serviços foi introduzida no final da década de 1990 pela Sun Microsystems, designada por Jini Network Technology (Sun Microsystems2001). Jini é um ambiente leve para descobrir e utilizar dinamicamente serviços numa rede. O seu principal objetivo é permitir que dispositivos como as impressoras se liguem dinamicamente à rede e registem os seus serviços disponíveis. Uma vez que a Arquitetura Orientada para os Serviços (SOA) é uma evolução da Arquitetura Orientada para os Objectos (arquitetura baseada em componentes para separar a funcionalidade em objectos individuais que funcionam em conjunto) e dos Sistemas Distribuídos, como o J2EE, CORBA e DCOM. Definindo Web Services, .NET, J2EE e CORBA como implementações especializadas de SOA que representam os aspectos essenciais de uma abordagem orientada para os serviços da arquitetura orientada para os serviços.

Os serviços Web são componentes de software distribuídos que podem ser acedidos através de protocolos Web normalizados, como mostra a Figura 2.8. A vantagem dos serviços Web é o facto de poderem ser consumidos por qualquer aplicação capaz de analisar um fluxo de dados em formato XML transmitido por HTTP. A XML é a tecnologia-chave dos serviços Web.

Um serviço Web é um componente executado num servidor Web que comunica com o mundo através de protocolos Internet padrão, tais como: HTTP GET, HTTP POST e SOAP (Simple Object Access Protocol).

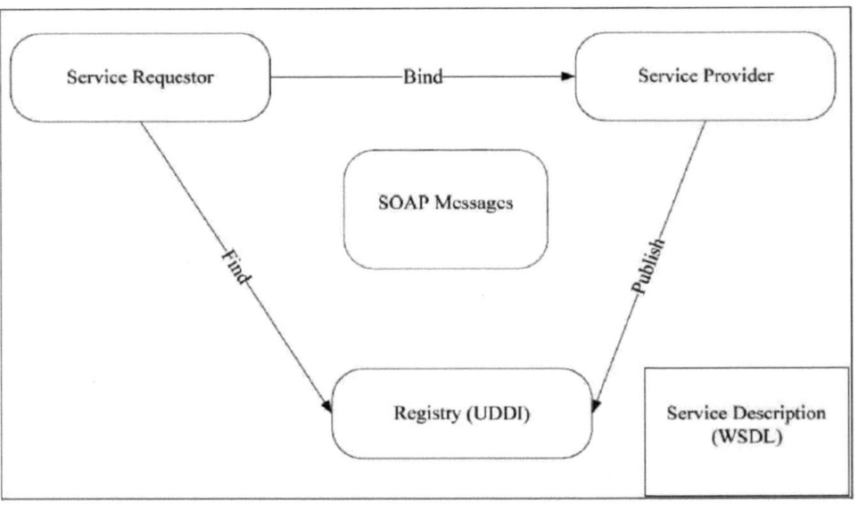

A XML é uma norma que fornece a codificação de dados como ficheiros de texto simples. Isto tem a vantagem significativa de que quase tudo o pode ler, uma vez que os ficheiros de texto são normalizados em todas as plataformas. Existem normas que devem ser respeitadas, como, por exemplo, a linguagem de codificação a utilizar e a quantidade de dados utilizada para cada carácter, mas estas são ultrapassáveis em todos os dispositivos que possam estar interessados em serviços Web (Microsoft Corporation 2002).

O SOAP foi originalmente concebido como um meio de manipular objectos remotamente (W3Schools 2007). Atualmente, a sua utilização é mais especializada e é utilizada quase exclusivamente na implementação de serviços Web. As duas tecnologias analisadas anteriormente, XML e esquemas XML, são suficientes para trocar dados com serviços Web. A forma como dois sistemas interagem entre si através da Internet usando SOAP é mostrada na Figura 2.9 (RSA Laboratories 2007).

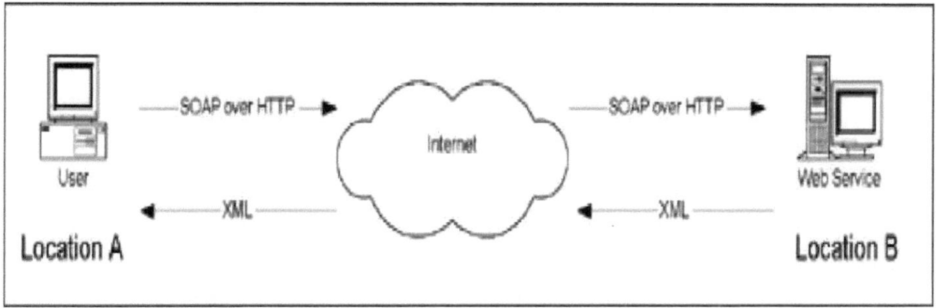

Figura 2.9. SOAP sobre HTTP

Os serviços Web têm um documento WSDL (Web Service Description Language) associado que descreve todas as operações que um serviço Web pode efetuar. A descrição de uma operação de serviço Web consiste nas estruturas de dados utilizadas, nas combinações dessas estruturas de dados presentes nos pedidos e respostas do serviço, no formato das mensagens que contêm esses pedidos e respostas e no método específico de acesso exigido para as diferentes operações suportadas pelo serviço, como mostra a Figura 2.10. Para o efeito, os documentos WSDL, que são escritos em XML, contêm informações sobre o esquema, informações que associam as definições do esquema à estrutura da mensagem e algumas informações específicas do HTTP e do SOAP. Dado um documento WSDL, é possível escrever código para aceder ao serviço Web a que diz respeito sem qualquer informação adicional (Bustos e Watson 2002).

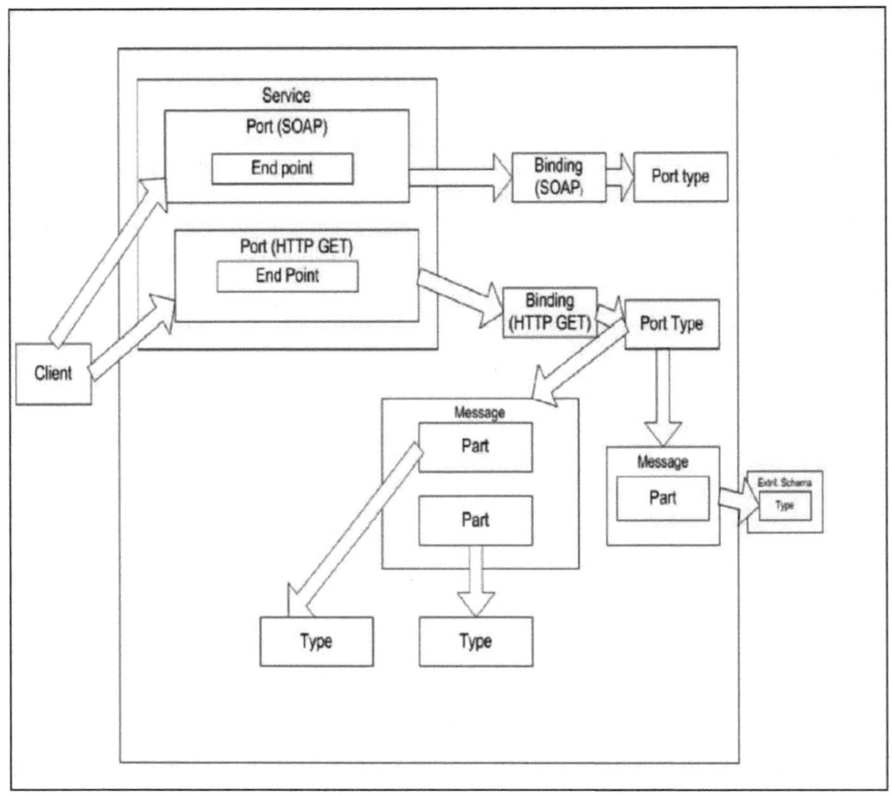

Figura 2.10. Esquema da WSDL

Um proxy reside na máquina do consumidor e actua como um intermediário entre o consumidor e o serviço Web. Quando um proxy é construído, utiliza um ficheiro WSDL para criar um mapa que indica aos consumidores quais são os métodos disponíveis e como os chamar (Birdwell e Cornes 2001). O consumidor chama então o método web que está mapeado no proxy, que, por sua vez, faz chamadas para o serviço web real através da Internet. O proxy trata de todo o trabalho relacionado com a rede, incluindo o envio de dados, bem como a gestão do WSDL subjacente.

A WSDL define com exatidão os serviços Web, mas tal não é suficiente para permitir que as pessoas encontrem o serviço Web (Curbera e Duftler 2002). Se o sítio Web não for conhecido, não será possível encontrar o WSDL que o descreve. É necessário um acesso central ou um repositório que as pessoas possam consultar para encontrar serviços Web, sendo a UDDI utilizada para este efeito.

2.3 Serviços Web do .NET Framework

Todos os serviços Web em .Net têm os seguintes elementos (Thai e Lam 2000):

1. Um *asmxfile* para o serviço da Web. Este deve conter a diretiva <% webservice... %>, bem como

a classe que fornece a implementação do serviço Web. Para os clientes do serviço Web, este *asmxfile* é o ponto de entrada para o serviço Web. Em vez de ser implantado como acontece com o JavaEnterprise Edition (JEE) com a estrutura .NET, esse arquivo deve estar em um diretório virtual com permissões.

2. Herdar da classe de serviço Web do espaço de nomes System.Web.Services. Isto permite que a classe derivada aceda a todos os objectos ASP normais expostos na classe base do serviço Web.

3. Marque os métodos que vão ser acedidos na Web com atributosWebMethod.

4. Um ficheiro de configuração chamado *web.config é* colocado no mesmo diretório que o *ficheiro asmx*. Este ficheiro de configuração controla muitas definições do diretório virtual.

2.4 Mecanismos de segurança

O quadro 2.2 enumera os mecanismos de segurança definidos na norma X.800. Como se pode ver na lista, os mecanismos estão divididos entre os que são implementados numa camada de protocolo específica e os que não são específicos de nenhuma camada de protocolo ou serviço de segurança em particular. O X.800 distingue entre mecanismos de cifragem reversíveis e mecanismos de cifragem irreversíveis (Stallings 2003). Um mecanismo de cifragem reversível é simplesmente um algoritmo de cifragem que permite que os dados sejam cifrados e subsequentemente decifrados. Os mecanismos de cifragem irreversível incluem algoritmos de hash e códigos de autenticação de mensagens, que são utilizados em aplicações de assinatura digital e autenticação de mensagens.

2.4.1 Encriptação simétrica e confidencialidade da mensagem

Os algoritmos de cifragem simétrica mais utilizados são as cifras de bloco. Uma cifra de bloco processa a entrada de texto simples em blocos de tamanho fixo e produz um bloco de texto de cifra de tamanho igual para cada bloco de texto simples. Esta tese centra-se nas três cifras de bloco simétricas mais importantes: o Data Encryption Standard (DES) e o TripleDES (3DES), e o Rijndael.

A abordagem mais poderosa e mais comum para combater as ameaças à segurança da rede é a encriptação. Ao utilizar a encriptação, temos de decidir o que encriptar e onde deve ser colocado o equipamento de encriptação. Existem duas alternativas fundamentais: a encriptação de ligação e a encriptação de extremo a extremo; estas são ilustradas na sua utilização numa rede de comutação de pacotes.

A outra questão principal é o problema da confiança entre duas partes que partilham uma chave assimétrica secreta. Podem surgir problemas de confiança quando a cifragem é utilizada para autenticação e verificação da integridade. Uma chave simétrica pode ser utilizada para verificar a identidade da outra parte comunicante, mas para tal é necessário que uma parte confie na outra (Thorsteinson e Ganesh 2003).

A distribuição de chaves pode ser efectuada de várias formas. Para duas partes A e B,

1. Uma chave deve ser selecionada por A e entregue fisicamente a B.

2. Um terceiro poderia selecionar a chave e entregá-la fisicamente a A e B.

3. Se A e B tiverem utilizado uma chave anteriormente e recentemente, uma das partes pode transmitir a nova chave à outra, cifrada com a chave antiga.

4. Se A e B tiverem cada um uma ligação encriptada a um terceiro C, C poderia entregar uma chave nas ligações encriptadas a A e B.

2.4.2 Criptografia de chave pública e autenticação de mensagens

Um código de autenticação de mensagem (MAC) é uma etiqueta de autenticação (também chamada achecksum) derivada da aplicação de um esquema de autenticação, juntamente com uma chave secreta, a uma mensagem. Ao contrário das assinaturas digitais, os MAC são calculados e verificados com a mesma chave, pelo que só podem ser verificados pelo destinatário pretendido. Existem quatro tipos de MACs: incondicionalmente seguros, baseados em funções de hash, baseados em cifras de fluxo ou baseados em cifras de bloco (RSA Laboratories 2007).

A utilização de funções de hash criptográficas como MD5 ou SHA para autenticação de mensagens tornou-se uma abordagem padrão em muitas aplicações e protocolos da Internet. Embora muito fáceis de implementar, estes mecanismos são normalmente baseados em técnicas adhoc que carecem de uma análise de segurança sólida (Bellare, et al. 1996).

O SHA-1 é chamado de seguro porque é computacionalmente inviável encontrar uma mensagem que corresponda a um determinado resumo de mensagem, ou encontrar duas mensagens diferentes que produzam o mesmo resumo de mensagem. Qualquer alteração numa mensagem em trânsito resultará, com uma probabilidade muito elevada, num resumo de mensagem diferente e a assinatura falhará na verificação. O SHA-1 é uma revisão técnica do SHA (FIPS 180) (Federal InformationProcessing Standards Publication 1995).

Criptografia de chave pública, que utiliza uma chave pública para cifrar a mensagem e uma chave privada para a decifrar. Os sistemas de chave pública são também conhecidos como criptografia de chave assimétrica. A criptografia de chave pública é mais frequentemente utilizada para criar *assinaturas digitais em* dados, como o correio eletrónico, para certificar a origem e a integridade dos dados (Garfinkel e Spafford 1996).

2.4.3 Criptografia .NET

SymmetricAlgorithm tem apenas um construtor público que não recebe parâmetros, o qual inicializa a nova instância com uma chave secreta gerada aleatoriamente. É claro que o SymmetricAlgorithm também suporta os métodos padrão Equals, Finalize, GetHashCode, ToString, GetType e MemberwiseClone, que são definidos na classe Object. A Figura 2.13 mostra a hierarquia de classes do algoritmo simétrico.

Namespace: System.Security.Cryptography
SymmetricAlgorithm
DES
DESCryptoServiceProvider
TripleDES
TripleDESCryptoServiceProvider
RC2
RC2CryptoServiceProvider
Rijndael
RijndaelManaged

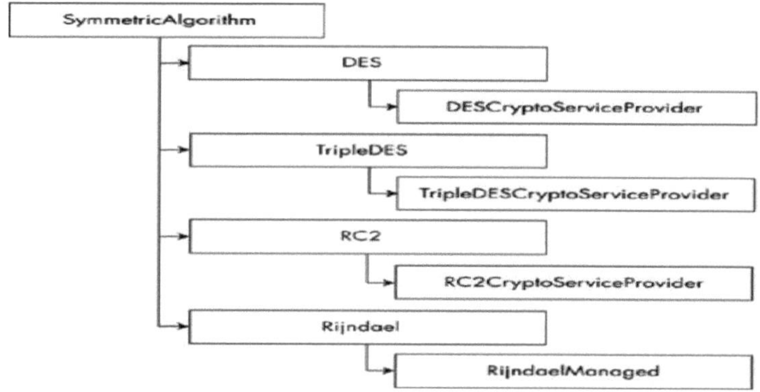

Figura 2.13. A hierarquia do algoritmo simétrico

AsymmetricAlgorithm tem métodos semelhantes e a Figura 2.14 mostra onde a classe AsymmetricAlgorithm reside na hierarquia de classes, sob a classe abstractAsymmetricAlgorithm.

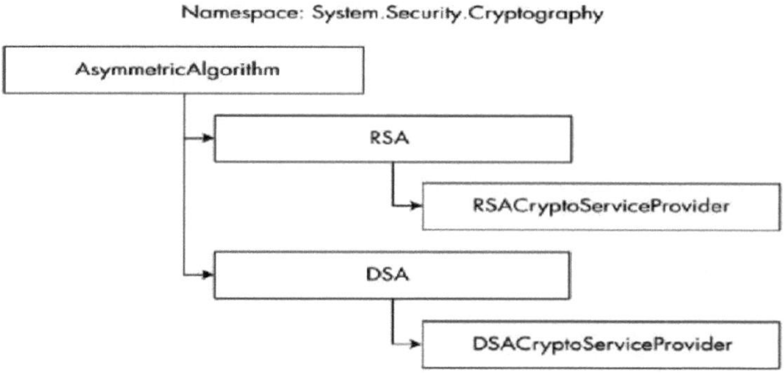

Namespace: System.Security.Cryptography
AsymmetricAlgorithm
RSA
RSACryptoServiceProvider
DSA
DSACryptoServiceProvider

Figura 2.14. A hierarquia de classes do algoritmo assimétrico

No caso das assinaturas digitais, verifica-se que não é realmente necessário encriptar toda a mensagem original. É inteiramente suficiente, bem como muito mais eficiente, gerar um hash da mensagem original e, em seguida, apenas encriptar esse valor de hash mais pequeno com a chave privada. Qualquer pessoa com a chave pública correspondente (ou seja, toda a gente) pode então desencriptar esse hash com a chave pública para efeitos de verificação. Se o hash desencriptado corresponder ao hash recalculado da mensagem real recebida, então o recetor pode estar bastante confiante de que a mensagem original que gerou o hash também deve corresponder à mensagem recebida. Isto deve-se ao facto de ser extremamente difícil encontrar duas entradas que produzam o mesmo resultado de hash (Thorsteinson e Ganesh 2003).

Capítulo 3

SEGURANÇA DOS SERVIÇOS WEB

3.1 Visão geral da segurança dos serviços da Web

Há sete requisitos que devem ser satisfeitos por um quadro geral de segurança, tal como definido pela norma de segurança ISO (Wahli, et al. 2006):

1. Identificação
2. Autenticação
3. Autorização
4. Integridade
5. Confidencialidade
6. Auditoria
7. Não repúdio

A segurança dos serviços Web é um dos temas mais importantes dos serviços Web. Ao utilizar serviços Web, existem exposições de segurança semelhantes às de outras aplicações e comunicações baseadas em middleware da Internet. Para demonstrar as exposições de segurança dos serviços Web, vamos explicar vários factores de risco importantes para um sistema sem segurança.

3.2 Abordagens de segurança dos serviços Web

Do ponto de vista da arquitetura dos serviços Web, existem três conceitos fundamentais relacionados com a segurança dos serviços Web: os recursos que devem ser protegidos, os mecanismos através dos quais esses recursos são protegidos e as políticas, que são documentos processados por máquinas que descrevem as restrições impostas a esses recursos.

As políticas podem ser logicamente divididas em dois tipos principais: políticas de permissão e políticas obrigatórias. Uma política de permissão diz respeito às acções que uma entidade é autorizada a realizar e uma política obrigatória diz respeito às acções que uma entidade é obrigada a realizar. Devido à sua natureza, estes dois tipos diferentes de políticas têm diferentes tipos de mecanismos de aplicação. Um mecanismo de guarda da política de permissão pode ser utilizado para verificar se uma ação solicitada pode ser executada pela entidade, enquanto o mecanismo de guarda obrigatório só pode verificar após o facto de uma obrigação não ter sido cumprida. A arquitetura preocupa-se principalmente com a existência de tais mecanismos de guarda e com o seu papel na arquitetura.

Nem todos os guardas são processos activos. Por exemplo, a confidencialidade das mensagens é fornecida pela encriptação. A guarda aqui é a própria encriptação, embora esta possa ser apoiada por guardas activos que aplicam políticas.

Os mecanismos tradicionais de segurança a nível da rede, como o Transport Layer Security (SSL/TLS), as redes privadas virtuais (VPN), o IPSec (Internet Protocol Security) e o Secure Multipurpose Internet Mail Exchange (S/MIME) são tecnologias ponto-a-ponto.

Embora estas tecnologias tradicionais possam ser utilizadas para a segurança dos serviços Web, não são suficientes para proporcionar um contexto de segurança extremo-a-extremo, uma vez que os serviços Web utilizam uma abordagem orientada para as mensagens que permite interacções complexas que podem incluir o encaminhamento de mensagens através de vários domínios de confiança.

Por conseguinte, a segurança a nível da mensagem é importante, por oposição à segurança a nível do transporte ponto-a-ponto. Como se pode ver na figura 3.2, o contexto de segurança da mensagemSOAP é de extremo a extremo. No entanto, também pode ser necessário que o intermediário tenha acesso a algumas informações da mensagem. Isto é ilustrado como um contexto de segurança entre o intermediário e o agente requerente original, e o intermediário e o recetor final. É possível enviar mensagens seguras através de muitos protocolos diferentes, como o SimpleMail Transfer Protocol (SMTP), o File Transfer Protocol (FTP) e o TransmissionControl Protocol (TCP), sem ter de depender do protocolo para a segurança (MicrosoftPatterns and Practices Developer Center 2005).

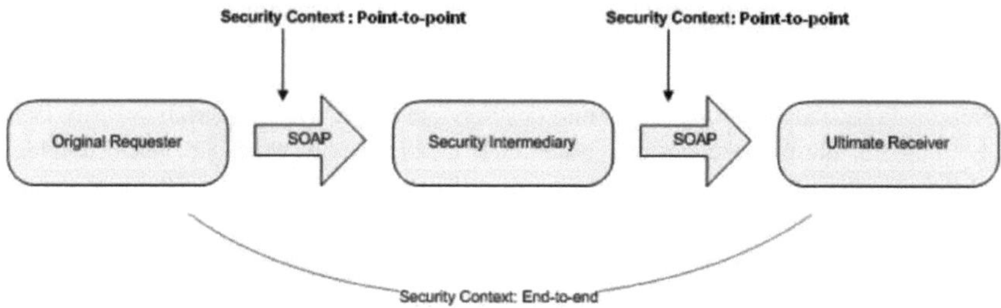

Figura 3.2. Segurança ponto-a-ponto vs. segurança extremo-a-extremo

O HTTP, o protocolo de comunicação mais utilizado na Internet, é atualmente também o protocolo mais popular para serviços Web. O HTTP é um protocolo inerentemente inseguro, uma vez que toda a informação é enviada em texto claro entre pares não autenticados através de uma rede insegura. Para proteger o HTTP, pode ser utilizada a segurança ao nível do transporte. A segurança ao nível do transporte é um mecanismo bem conhecido e frequentemente utilizado para garantir a segurança das comunicações na Internet e na Intranet. Baseia-se na Secure Sockets Layer ou Transport Layer Security que funciona por baixo do HTTP.

Se uma mensagem precisar de passar por vários pontos para chegar ao seu destino, cada ponto intermédio deve reencaminhar a mensagem através de uma nova ligação SSL. Neste modelo, a mensagem original do cliente não está protegida criptograficamente em cada intermediário, porque atravessa servidores intermédios e são efectuadas operações criptográficas adicionais dispendiosas do ponto de vista computacional para cada nova ligação SSL que é estabelecida (Microsoft Patterns and Practices Developer Center 2005).

3.2.1 Tecnologias de segurança dos serviços Web

I Nos serviços Web, o envelope SOAP é definido em XML, pelo que os serviços Web podem utilizar muitas das tecnologias e normas de segurança XML existentes, como a encriptação XML e as assinaturas digitais XML. Além disso, surgiram muitas normas novas, como a WSSecurity. A WS-Security é a pedra angular de todos os esforços para reunir todos estes requisitos. O resumo dos documentos de especificação da WS-Security diz que a WS-Security descreve melhorias nas mensagens SOAP para proporcionar qualidade de proteção através da integridade da mensagem, confidencialidade da mensagem e autenticação de mensagem única. Estes mecanismos podem ser utilizados para acomodar uma grande variedade de modelos de segurança e tecnologias de encriptação (IBM Feeds 2002). Outras tecnologias em processo de normalização são a XML Key Management Specification (XKMS) (Ford, et al. 2001), a Secure Assertion Markup Language (SAML) (Campbell e Lockhart 2007), a Extensible Access Control Markup Language (XACML) (Parducci e Lockhart 2008) e a Identity Federation (Raskin 2008).

3.2.2 Visão geral do WS-Security

Várias partes de uma mensagem podem ser protegidas de diferentes formas. Podem ser aplicados vários requisitos de segurança, como a integridade no token de segurança e a confidencialidade no corpo do SOAP. A segurança ao nível da mensagem de extremo a extremo pode ser fornecida através de qualquer número de intermediários. A WS-Security funciona em múltiplos transportes e é independente do transporte subjacente. É possível a autenticação de identidades de várias partes. A especificação de base mais recente, Segurança dos Serviços Web: SOAP Message Security 1.0 (WS-Security 2004) foi normalizada em março de 2004. Os dois perfis, Perfil de Token de Nome de Utilizador de Segurança de Serviços Web e Perfil de Token de Certificado X.509 de Segurança de Serviços Web 1.0, foram normalizados ao mesmo tempo.

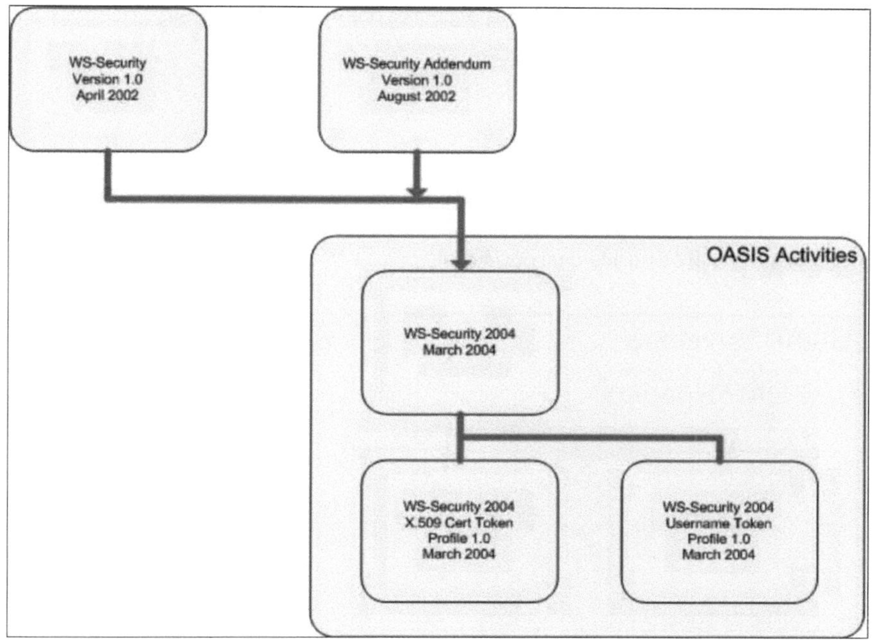

Figura 3.3. Evolução da especificação WS-Security

O modelo de segurança dos serviços Web introduz um conjunto de especificações individuais inter-relacionadas para formar uma abordagem em camadas da segurança (Wahli, et al. 2006). Esta arquitetura em camadas é apresentada na Figura 3.4. Inclui vários aspectos da segurança: identificação, autenticação, autorização, integridade, confidencialidade, auditoria e não-repúdio.

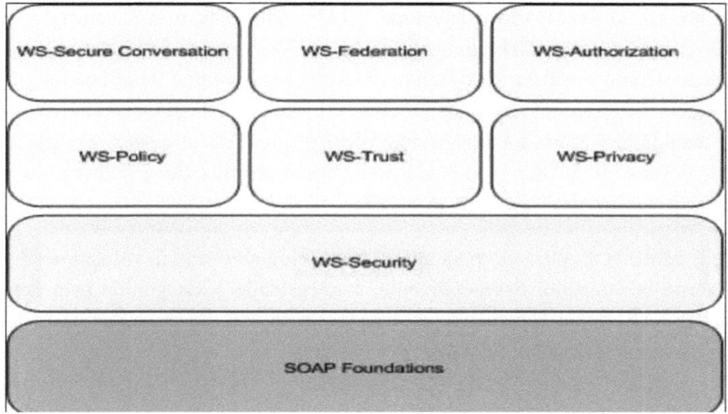

Figura 3.4. Especificações de segurança dos serviços Web

3.3 Exemplo de WS-Security

Esta secção fornece exemplos de mensagens SOAP com WS-Security. Utilizando o WS-Security, o mecanismo de autenticação, integridade e confidencialidade pode ser aplicado ao nível da mensagem. Como visão geral, a Figura 3.5 mostra um exemplo de elementos de segurança do serviço Web quando o corpo SOAP é assinado e encriptado.

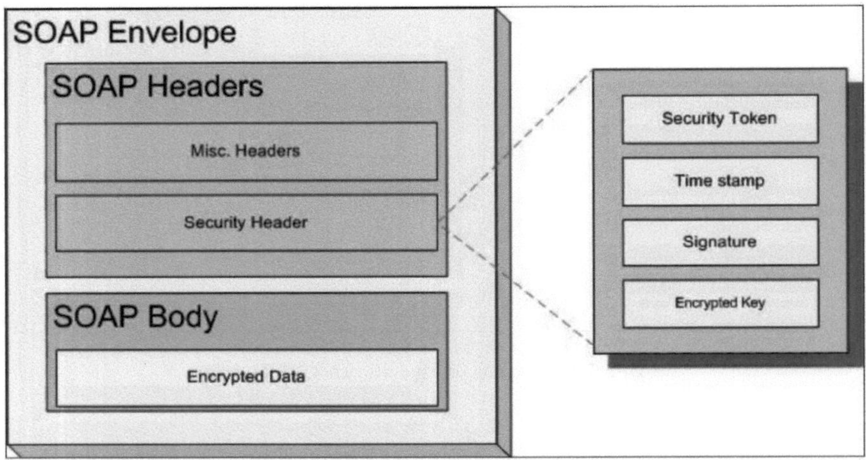

Figura 3.5. Segurança de mensagens SOAP com WS-Security

A Figura A.1 mostra o exemplo de mensagem SOAP sem aplicar WS-Security. Como se pode ver, existe apenas um corpo SOAP sob o envelope SOAP. Aplicando o WSSecurity, o cabeçalho de segurança SOAP será inserido sob o envelope SOAP. 1. Na Figura A.2, mostramos uma mensagem com autenticação. Como pode ser visto, temos informações de nome de utilizador e palavra-passe como uma etiqueta <UsernameToken> na mensagem (Madsen 2006). Quando o token de nome de utilizador é recebido pelo servidor do serviço Web, o nome de utilizador e a palavra-passe são extraídos e verificados. Só quando a combinação de nome de utilizador e palavra-passe for válida é que a mensagem é aceite e processada no servidor.

A integridade é aplicada à aplicação para garantir que ninguém modifica ilegalmente a mensagem enquanto esta está em trânsito. Essencialmente, a integridade é assegurada pela geração de uma assinatura digital XML sobre o conteúdo da mensagem SOAP. Se os dados da mensagem forem alterados ilegalmente, a assinatura deixará de ser válida.

A figura A.3 mostra um exemplo de mensagem SOAP com integridade. Aqui, a parte do corpo da mensagem é assinada e adicionada ao cabeçalho de segurança SOAP como informação de assinatura. Uma assinatura é baseada numa chave que o remetente está autorizado a ter. Os sniffers não autorizados não têm esta chave. Quando o recetor recebe a mensagem, também cria uma assinatura utilizando o conteúdo da mensagem. Só se as duas assinaturas coincidirem é que o destinatário honra a mensagem. Se as assinaturas forem diferentes, é devolvida uma falha SOAP ao remetente.

A Figura A.4 mostra um exemplo de mensagem SOAP com confidencialidade. Aqui, a parte do corpo da mensagem é encriptada e é adicionado um cabeçalho de segurança com informações de encriptação. A confidencialidade é o processo em que uma mensagem SOAP é protegida de modo a que apenas os destinatários autorizados possam ler a mensagem SOAP. A confidencialidade é fornecida através da encriptação do conteúdo da mensagem SOAP utilizando a encriptação XML. Se a mensagem SOAP for encriptada, apenas um serviço que conheça a chave pode desencriptar e ler a mensagem.

Capítulo 4

ARQUITECTURA DE SEGURANÇA DOS SERVIÇOS WEB

4.1 Arquitetura de segurança dos serviços Web

Centramo-nos na WS-Security, que constitui a base do nosso processo de implementação nesta tese. A Figura 4.1 é apresentada para compreender a arquitetura WS-Security. O processamento da arquitetura é realizado da seguinte forma (Nakamura, et al. 2005):

1. O requerente invoca o WSSGenerator.

2. O WSSGenerator invoca o TokenGenerator para criar um SecurityContextToken (SCT).

3. Uma vez que nenhum SCT é inicialmente armazenado em cache, o TokenGenerator invoca o CallbackHandler.

4. O CallbackHandler interage com o STS para obter um Token de Segurança de Serviço Genérico (GSS) e um SCT.

5. O TokenGenerator armazena um token GSS associado a um identificador do SCT.

6. O WSSGenerator invoca o SigEngine, fornecendo o identificador SCT.

7. Durante a operação de assinatura, o SigEngine necessita eventualmente de uma chave indicada pelo identificador SCT, pelo que o KeyLocator é invocado.

8. KeyLocator encontra uma chave com o identificador.

9. O SigEngine assina a mensagem, utilizando a chave fornecida.

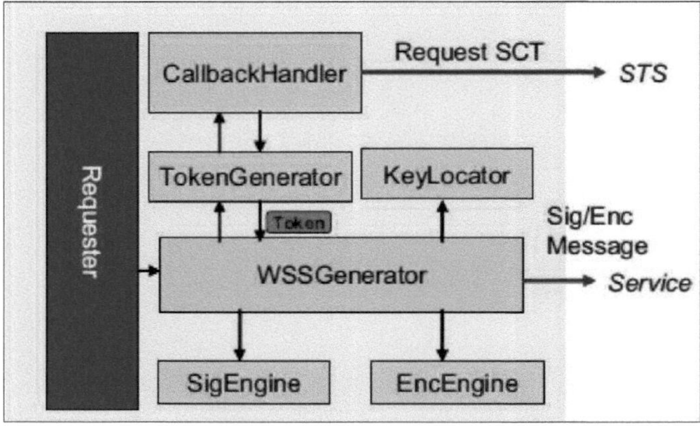

Figura 4.1. Arquitetura do manipulador de segurança WS-Security no IBM WebSphere

Por outro lado, quando nos concentramos na implementação da arquitetura, todo o processo é explicado passo a passo da seguinte forma:

1. O requerente invoca o WSSGenerator: A classe cliente gere o processo de geração na aplicação cliente.

2. O WSSGenerator invoca o TokenGenerator para criar um SecurityContextToken (SCT): As classes IDTokenGenerator e CreditTokenGenerator gerem o token gerado no processo.

3. Uma vez que nenhum SCT é inicialmente armazenado em cache, o TokenGenerator invoca a classe CallbackHandler:Client para gerir este processo.

4. O CallbackHandler interage com o STS para obter um Generic Service Security (GSS) Token e um SCT: do lado do STS, as classes geradoras de token gerem este processo.

5. TokenGenerator armazena um token GSS associado a um identificador do SCT: Esta operação não é implementada devido à análise de desempenho.

6. O WSSGenerator invoca o SigEngine, fornecendo o identificador SCT: A classe SignatureGeneration gere esse processo.

7. Durante a assinatura, o SigEngine necessita eventualmente de uma chave indicada pelo SCTidentifier, pelo que o KeyLocator é invocado: A classe KeyExchange gere a operação de troca de chaves entre o cliente e o STS. O cliente cria o objeto KeyExchangeToken, que inclui o objeto SessionKey encriptado com o algoritmo RSA e a chave pública do STS, e envia-o para o STS. A classe SignatureGeneration opera o processo de assinatura. A classe SignatureClass assina os dados com a chave privada do STS.

8. KeyLocator encontra uma chave com o identificador: A classe principal do STS encontra o Certificatestored na máquina local.

9. O SigEngine assina a mensagem, utilizando a chave fornecida: As chaves pública e privada do certificado são usadas para operações de assinatura.

10. Para o processo EncEngine: A interface Crypt gere todos os processos de encriptação simétrica.

Após a introdução da arquitetura de segurança dos serviços Web no tópico seguinte, será explicado um cenário baseado na arquitetura de segurança dos serviços Web.

Funções na arquitetura de serviços Web

Prestador de serviços. Do ponto de vista comercial, é o proprietário do serviço. Do ponto de vista arquitetónico, é a plataforma que aloja o acesso ao serviço.

Solicitador de serviços. Do ponto de vista empresarial, é a empresa que exige a satisfação de determinadas funções. Do ponto de vista arquitetónico, é a aplicação que procura e invoca ou inicia uma interação com um serviço. O papel do requisitante do serviço pode ser desempenhado por um browser conduzido por uma pessoa ou por um programa sem uma interface de utilizador, por exemplo, outro serviço Web.

Registo de serviços. Trata-se de um registo pesquisável de descrições de serviços onde os fornecedores de serviços publicam as suas descrições de serviços. Os requisitantes de serviços encontram serviços e obtêm informações de ligação (nas descrições de serviços) para serviços durante o desenvolvimento para ligação estática ou durante a execução para ligação dinâmica. Para os requisitantes de serviços ligados estaticamente, o registo de serviços é uma função opcional na arquitetura, porque um fornecedor de serviços pode enviar a descrição diretamente aos requisitantes de serviços. Do mesmo modo, os requisitantes de serviços podem obter uma descrição de serviços a partir de outras fontes para além de um registo de serviços, como um ficheiro local, um sítio FTP, um sítio Web, um anúncio e descoberta de serviços (ADS) ou uma descoberta de serviços Web (DISCO).

4.2 Cenário de segurança do serviço Web

O cenário que será utilizado para a demonstração da arquitetura proposta é um exemplo real do cenário WS-Security. O requerente é um cidadão que gostaria de solicitar uma conta de crédito num banco. Para que o seu pedido seja aceite, o serviço pede ao requerente que apresente dois tokens de segurança, um obtido do governo para verificar a sua identidade e outro da agência facciosa Board of CreditRating, que classifica o estatuto de crédito das pessoas. Quando ambos os tokens são adquiridos, o requerente invoca o serviço Web de serviços e apresenta esses tokens. O serviço verifica estes tokens e, de acordo com a classificação de crédito do requerente, decide aprovar ou não o pedido de crédito.

Existem 6 etapas do cenário apresentado na Figura 4.2 (Hendrickson 2006):

1. O cliente solicita um token de identificação ao serviço de token de segurança de identidade (IdentitySTS).

2. O serviço de token de segurança de identidade processa o token de segurança solicitado (RST) e envia uma resposta.

3. O cliente solicita um token de estado ao serviço de token de segurança de notação de crédito (Credit Rating STS).

4. O STS de notação de crédito processa o token de estado do pedido e envia uma resposta

5. O cliente envia um pedido ao serviço

6. O serviço processa o pedido, que inclui o token de segurança de identidade e o token de estado, e envia uma resposta.

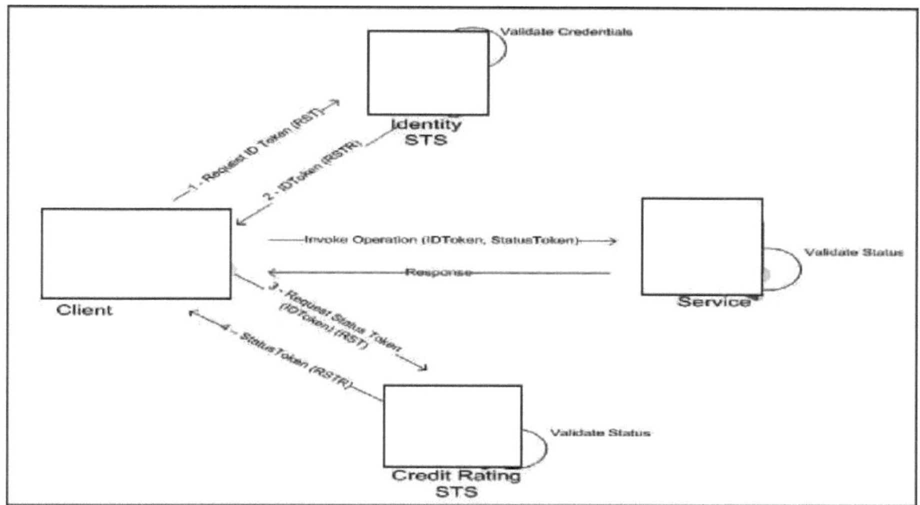

O diagrama de sequência para o fluxo do cenário é ilustrado na Figura 4.3. A aplicação cliente cria informações sobre o nome de utilizador e a palavra-passe e transmite-as aos serviços Web do IdentitySTS. O serviço Web IdentitySTS utiliza as informações para verificar o cliente e cria um token de identidade. A aplicação cliente transmite o token de identidade, obtido do serviço web IdentitySTS, ao serviço web CreditRatingSTS para receber o token de crédito. O CreditRatingSTS utiliza o token de identidade para determinar o estado do crédito e criar o token de estado do crédito. A aplicação cliente transmite o token de identidade e o token de estado de crédito ao serviço Web do serviço e o serviço Web do serviço devolve os dados de resposta após os processos de verificação dos tokens.

4.3 Panorâmica do sistema de segurança do cenário

A camada de segurança de autenticação é fornecida entre o nível de comunicação de mensagem do cliente e o IdentitySTS, como mostra a Figura 4.4. O cliente cria informações sobre o nome de utilizador e a palavra-passe. Após a abordagem de encriptação com a chave de sessão, o cliente envia para o IdentitySTS para obter um token de identidade que será verificado pelo IdentitySTS.

Após o processo de criação do IDToken pelo IdentitySTS, o IdentitySTS começa por encriptar o IDToken com a chave de sessão e assina os dados encriptados do IDToken através da chave privada assimétrica do seu próprio certificado, a fim de realizar a camada de segurança da integridade. Quando o cliente obtém o IDToken assinado e encriptado, envia-o ao CreditRatingSTS para obter um CreditStatusToken. O CreditRatingSTS começa por verificar a assinatura utilizando a chave pública do certificado do IdentitySTS. Uma vez concluída a verificação, o CreditRatingSTS cria um CreditStatusToken, encripta-o com a chave de sessão e assina os dados encriptados do token através da chave privada assimétrica do seu próprio certificado, a fim de efetuar a camada de segurança da integridade. Quando o cliente obtém o CreditStatusToken assinado e encriptado, envia-o para o ServiceSTS para obter uma conta.

O ServiceSTS verifica o IDToken utilizando a assinatura com a chave pública do certificado do

IdentitySTS e o CreditStatusToken utilizando a assinatura com a chave pública do certificado do CreditRatingSTS. Após o processo de verificação, o serviço envia uma resposta encriptada.

A camada de segurança de confidencialidade é fornecida entre o cliente e a comunicação do STS. Todas as comunicações entre o cliente e os STS podem ser efectuadas através de uma chave de sessão assimétrica baseada em cifras. A chave de sessão é selecionada pelo utilizador através dos algoritmos simétricos Rijndael ou Triple Des. A chave de sessão é criada pela aplicação cliente.

4.3.1 Processo de serviço do Token de Segurança de Identidade

Na primeira etapa do cenário, o cliente tem duas opções: comunicação baseada em criptografia ou comunicação baseada em texto simples. O cliente chama o método "Request ID Token" para comunicar com base na criptografia. Quando o cliente chama o método "Request ID Token Plain", envia um token de nome de utilizador para o serviço de token de segurança de identidade (Identity STS) em formato de texto simples. O Identity STS é responsável pela verificação das credenciais do cliente utilizando as informações do nome de utilizador e da palavra-passe. O Identity STS verifica as informações do nome de utilizador e da palavra-passe pesquisando num repositório de dados que contém as informações sobre os clientes autorizados. Como se vê na Figura B.1, o cliente chama o método Web Request ID Token com o atributo de objeto do tipo classe XML serializado Client Request Infos do serviço Web Identity STS para receber o token de identidade do STS. O STS desesteriliza o objeto XML serializado e verifica as informações relativas ao nome de utilizador e à palavra-passe no objeto Client Request Infos, utilizando o método check da classe ID Check, que procura os dados no armazenamento de dados.

Na segunda etapa, de acordo com o processo de verificação, o serviço de token de segurança de identidade responde ao token de identidade solicitado, que inclui o tipo de token solicitado, o tipo de token e o tempo de vida do token solicitado. Para criar o token de identidade, que é um objeto que pode ser criado a partir da classe ID Token, o STS chama o método de geração da classe ID Token Generator. Após a criação do token de identidade, o STS executa a abordagem de serialização do tipo XML e devolve o objeto ID Token ao cliente. No entanto, todos estes processos são efectuados através da comunicação criptográfica baseada na chave de sessão criada pelo cliente e enviada ao STS de identidade pelo atributo do método Web "Request ID Token".

4.3.2 Processo de serviço do Token de Segurança de Crédito

Na terceira etapa do cenário, o cliente tem novamente duas opções: comunicação baseada em texto simples ou criptográfica. O cliente chama o método "Request Credit Status" para comunicar com base em criptografia, mas chama o método "Request Credit Status Plain Text" para comunicar com base em texto simples.

Quando o cliente chama o método "Request Credit Status Plain Text", envia um token de identidade obtido do Identity STS para o serviço de token de segurança do estado de crédito (Credit STS) em formato de texto simples. O Credit STS está encarregado de verificar as credenciais do token Identity STS que foi assinado pela chave privada do Identity STS. Como se vê na figura B.2, o cliente chama o método web "Request Credit Status" com o atributo de objeto do tipo de classe Cipher Token serializado em XML do serviço web IdentitySTS, a fim de receber o token de estado de crédito do STS.

Na quarta etapa, de acordo com o processo de verificação, o serviço de Token de Estado de Crédito responde ao Token de Estado de Crédito solicitado, que inclui o tipo de Token solicitado, o tipo de Token e o tempo de vida do Token solicitado. Para criar o Token de Estado de Crédito, que é um objeto que pode ser criado a partir da classe do Token de Estado de Crédito, o STS chama o método de geração da classe Gerador de Token de Estado de Crédito. Após a criação do Token de estado de crédito, o STS executa a abordagem de serialização do tipo XML e devolve o objeto Token de estado de crédito ao cliente. No entanto, todos estes processos são efectuados através da comunicação criptográfica baseada na chave de sessão criada pelo cliente e enviada para o STS Credit pelo atributo do método Web Request Credit Status.

4.3.3 Processo de serviço

Na quinta etapa do cenário, o cliente tem duas opções: comunicação baseada em texto simples ou criptográfica. O cliente chama o método de pedido para comunicar com base em criptografia, mas chama o método de pedido Plain para comunicar com base em texto simples.

Quando o cliente chama o método Request Plain, envia ao serviço, em formato de texto simples, o token de identidade retirado do Identity STS e o token de estado de crédito retirado do Credit STS. O serviço encarrega-se de verificar as credenciais do token Identity STS e do token Credit STS que foram assinados pela chave privada do Identity STS e do Credit STS. Como se vê na figura B.3, o cliente chama o método web Request Plain com os atributos de objeto do tipo classe Cipher Token serializados em XML do serviço web Identity STS e do serviço web Credit STS para receber os dados do serviço. No sexto passo, de acordo com o processo de verificação, o serviço responde aos dados solicitados.

No entanto, todos estes processos são efectuados através da comunicação criptográfica baseada na chave de sessão criada pelo cliente e enviada para o serviço através do atributo do método Web de pedido.

4.3.4 Modelo de classe de token de cifra

A comunicação, efectuada entre o cliente e os STS, baseia-se na comunicação de dados cifrados. O processo de criação do token cifrado começa com os dados, que são um token (ID Token, Credit Status Token), cifrados por uma chave de sessão simétrica e armazenados na classe Cipher Data. Os tempos de criação dos tokens criados são armazenados na classe Creation Time, que será utilizada para a análise estatística. Como mostra a figura B.4, a classe Authentication Statement é utilizada para armazenar os valores da hora de autenticação que serão utilizados para a análise estatística e um ponteiro para a classe Key Info. O Token de Cifra pode também assinar os dados cifrados para garantir a integridade da comunicação e a assinatura é armazenada na classe Assinatura. A classe Signed Info, que é apontada pela classe Signature, contém todos os dados para a assinatura.

4.3.5 Modelo de domínio

O modelo de domínio, representado na figura B.5, foi concebido para controlar todos os processos de transmissão de mensagens entre o cliente e os serviços web. O cliente chama o método de pedido e cria os três objectos Client Identity STS, Client Credit Status STS e Client Service STS, que são responsáveis pela comunicação através dos serviços Web.

A classe STS de identidade do cliente tem um Token de ID de pedido que, em primeiro lugar, verifica a abordagem de comunicação criptográfica escolhida pelo utilizador na interface gráfica do utilizador; em segundo lugar, se for escolhida uma comunicação baseada em texto simples, chama o método web do Token de ID de pedido dos serviços STS de identidade simples através do atributo dos dados de informação do cliente; caso contrário, cria uma chave de sessão simétrica através do método criptográfico escolhido, em terceiro lugar, cifra a chave de sessão utilizando o algoritmo RSA com a chave privada dos serviços Identity STS; em quarto lugar, cifra as informações do cliente pela chave de sessão; em quinto lugar, chama o método web Identity STS service web services request ID Token pelos atributos da chave de sessão e dos dados das informações do cliente.

A classe STS do estado de crédito do cliente tem o método "Request Cipher Token Credit Status Token" que, em primeiro lugar, verifica a abordagem de comunicação criptográfica escolhida pelo utilizador na interface gráfica do utilizador; em segundo lugar, se for escolhida uma comunicação baseada em texto simples, chama o método Web dos serviços STS do estado de crédito "Request Credit Status Plain Text" através do atributo ID Token recebido do serviço Web do serviço Identity STS; caso contrário, se criar uma chave de sessão simétrica através do método criptográfico escolhido em terceiro lugar, cifra a chave de sessão utilizando o algoritmo RSA com a chave privada dos serviços STS do estado de crédito, em quarto lugar, cifra o código de identificação através da chave de sessão, em quinto lugar, chama o método Web do serviço STS do estado de crédito para solicitar o método Web do estado de crédito através dos atributos da chave de sessão e dos dados do código de identificação.

A classe STS do serviço cliente tem o método "Request Cipher Token Service" que, em primeiro lugar, verifica a abordagem de comunicação criptográfica escolhida pelo utilizador na interface gráfica do utilizador. Em segundo lugar, se for escolhida uma comunicação baseada em texto simples, chama o método "Request plain web method" do serviço Web do serviço pelo atributo do ID Token e do Credit Status Token recebidos dos serviços Web do serviço STS Identity e do serviço STS Credit Status, em terceiro lugar, cifra a chave de sessão utilizando o algoritmo RSA com a chave privada dos serviços; em quarto lugar, cifra o ID Token e o Credit Status Token pela chave de sessão; em quinto lugar, chama o método web de pedido dos serviços web de serviço pelos atributos dos dados da chave de sessão, do ID Token e do Credit Status Token.

4.3.6 Modelo de classe de cliente

Com exceção das classes Client, Client Identity STS, Client Credit Status STS e Client Service STS, existem classes de apoio, como se pode ver na figura B.6. A interface Crypt gere a atividade criptográfica para apoiar o cliente. Todas as classes de token, como ID Token, Credit Status Token, também apoiam o cliente no processo de serialização XML. O cliente utiliza a classe Key Exchange para trocar a chave de sessão com o serviço Web utilizando as chaves privadas dos serviços Web. O Token de troca de chaves contém todas as informações sobre a chave de sessão e as informações de troca de chaves. A classe Static type Serializer opera a abordagem de serialização XML entre os serviços Web e a comunicação com o cliente com base no sistema de mensagens XML. As mensagens XML convertem as amostras de objectos da classe utilizando a classe Serializer. A classe Crypt Attribute de tipo estático armazena as informações sobre as chaves e os métodos criptográficos.

Capítulo 5

IMPLEMENTAÇÃO E EXPERIÊNCIAS

5.1 Aplicação do cliente

A aplicação cliente, que pede tokens e solicita um serviço ao serviço de token de segurança, tem uma interface de aplicação de consola que permite introduzir opções de tipo de encriptação simétrica e número de teste.

Todos os custos de tempo são guardados nos ficheiros. Todos os dados serão utilizados para efetuar métodos estatísticos de modo a testar a eficiência do tipo de comunicação. Todos os passos são descritos abaixo para a aplicação do cliente:

1. Criar uma instância do serviço Web Identity STS.

2. Crie um objeto de troca de chaves para gerar o objeto Token de troca de chaves que contém chaves de sessão encriptadas com o algoritmo RSA utilizando o certificado da chave pública do serviço Web Identity STS.

3. Executar uma operação de serialização XML para o objeto Token de Cifra que encapsula o Token de Troca de Chaves encriptado e os objectos Infos de Pedido de Cliente encriptados com a chave de sessão e apontados pelo campo Valor de Cifra, a fim de enviar o serviço Web Identity STS.

4. Pedir um Token de Cifra que encapsule o Token de Identificação, incluindo a assinatura digital, ao serviço Web Identity STS, enviando os atributos Os objectos Token de Cifra encapsulam as informações do pedido do cliente e os objectos Token de Troca de Chaves. O método Web devolve o Token de ID na matriz de bytes encriptada pelo algoritmo de chave de sessão simétrica.

5. Executar uma operação de desserialização XML para o objeto Cipher Token que encapsula o objeto ID Token para obter custos de tempo de desempenho.

6. Criar uma instância do serviço Web STS de Estado de Crédito.

7. Executar a operação de serialização XML para objectos Cipher Token que encapsulam KeyExchangeToken encriptado e objectos ID Token encriptados, apontados pelo campocipherValue, a fim de enviar o serviço Web CreditStatusSTS.

8. Solicita um objeto CipherToken que encapsula o objeto CreditStatusToken, incluindo a assinatura digital do serviço Web CreditStatusSTS, enviando os atributos Os objectos CipherToken encapsulam os objectos IDToken e KeyExchangeToken. O método Web devolve o CreditStatusToken à matriz de bytes encriptada pelo algoritmo de chave de sessão simétrica.

9. Criar uma instância do serviço Web ServiceSTS.

10. Efetuar a operação de serialização XML CipherToken for KeyExchangeToken, CipherToken for IDToken e CipherToken for CreditStatusToken para enviar para o serviço Web.

11. Solicitar um serviço encapsulado no objeto CipherToken, incluindo a assinatura digital, ao serviço Web ServiceSTS, enviando os atributos IDToken, CreditStatusToken e KeyExchangeToken encapsulados no objeto CipherToken. O método Web devolve uma resposta como afirmativa ornegatória na matriz de bytes encriptada pelo algoritmo simétrico sessionKey.

Toda a comunicação entre o cliente e os STS foi assegurada por envelopes SOAP. A figura C.1 ilustra um exemplo de mensagem SOAP utilizada no momento do pedido de IDToken. A mensagem aberta do objeto ClientRequestInfos apontada para o campocipherValue do objeto CipherToken pode ser vista na figura C.3. Na figura C.5 é apresentado um exemplo de mensagem SOAP aquando do pedido de CreditStatusToken. A figura C.8 ilustra um exemplo de mensagem SOAP enviada aquando do pedido dos dados do serviço.

5.2 Serviços de Token de Segurança de Identidade

O serviço web IdentitySTS tem dois métodos web que permitem ao cliente optar por uma comunicação baseada em texto simples ou por uma comunicação baseada em segurança. O método web RequestIDTokenPlain, utilizado para a comunicação baseada em texto simples, requer um atributo que é ClientRequestInfos encapsulado pelo objeto CipherToken em formato de texto simples. O método Web RequestIDToken, que utiliza uma comunicação segura, requer dois atributos: o objeto KeyExchangeToken, que tem campos cifrados com o algoritmo assimétrico RSA, e o objeto ClientRequestInfos, cifrado com a chave de sessão encapsulada pelo objeto CipherToken. Fundamentalmente, a estrutura dos métodos Web é muito semelhante. Apenas os processos de desencriptação, encriptação e criação de assinaturas adicionaram

para o método web requestIDToken. Todos os passos são descritos abaixo para o método requestIDTokenweb do IdentitySTS:

1. Executa a operação de desserialização XML para o objeto Cipher Token que encapsula o objeto KeyExchangeToken proveniente do cliente.

2. Desencripta os campos do objeto KeyExchangToken para obter a chave de sessão com o algoritmo RSA e utiliza a chave privada do certificado do IdentitySTS.

3. Cria um objeto SessionKey que contém informações sobre a SessionKey em formato de texto simples. Todas as informações foram retiradas do decryptedKeyExchangeObject.

4. Desencripta o CipherObject que encapsula o objeto ClientRequestInfos com a chave da sessão.

5. Verificar as informações de identidade retiradas do objeto ClientRequestInfos desencriptado utilizando o armazenamento de dados.

6. Se verificado, criar um IDToken.

7. Encripta o IDToken com a chave de sessão.

8. Assinar os dados encriptados do IDToken utilizando a chave privada do certificado deIdentitySTS.

9. Criar um objeto CipherToken.

10. Incluir dados IDToken encriptados no campo cipherValue do objeto CipherToken

11. Incluir o campo signature signatureValue do objeto CipherToken.

12. Adicionar todos os valores de custo de tempo aos campos do objeto CipherToken.

13. Devolver o objeto CipherToken. A figura C.2 ilustra um exemplo de mensagem SOAP recebida no momento da resposta ao IDToken. A mensagem aberta do objeto IDToken apontada para o campo cipherValue do objeto CipherToken pode ser vista na Figura C.4.

5.3. Serviços de Token de Segurança de Notação de Crédito

O serviço Web CreditRatingSTS tem dois métodos Web que permitem ao cliente optar por uma comunicação baseada em texto simples ou por uma comunicação segura. O método Web RequestCreditStatus_PlainText, utilizado para a comunicação baseada em texto simples, requer um atributo que é o IDToken encapsulado pelo objeto CipherToken em formato de texto simples. O método Web RequestCreditStatus utilizado para comunicações seguras requer dois atributos, o objeto KeyExchangeToken, que tem campos cifrados com o algoritmo assimétrico RSA e o objeto IDToken cifrado com a chave de sessão encapsulada pelo objeto CipherToken. Fundamentalmente, a estrutura dos métodos Web é muito semelhante. Apenas os processos de desencriptação, cifragem e verificação da assinatura foram acrescentados ao método Web requestCreditStatus. Todas as etapas são descritas a seguir para o método web requestCreditStatus do IdentitySTS:

1. Executar a operação de desserialização XML para o objeto CipherToken que encapsula o objeto KeyExchangeToken.

2. Desencripta os campos do objeto KeyExchangeToken para obter a chave de sessão com o algoritmo RSA e utiliza a chave privada do certificado de CreditRatingSTS.

3. Cria um objeto SessionKey que contém informações sobre a SessionKey em formato de texto simples. Todas as informações foram retiradas do decryptedKeyExchangeObject.

4. Desencripta o CipherObject que encapsula o objeto IDToken encriptado e os seus dados de assinatura com a chave de sessão.

5. Verificar a assinatura utilizando a chave pública do certificado do IdentitySTS e o tempo de vida do IDToken.

6. Criar um CreditStatusToken, se verificado.

7. Encripta o CreditStatusToken com a chave de sessão.

8. Assinar os dados encriptados de CreditStatusToken utilizando a chave privada do certificado de CreditRatingSTS.

9. Criar um objeto CipherToken.

10. Incluir dados encriptados de CreditStatusToken no campo cipherValue do objectoCipherToken.

11. Incluir a assinatura signatureValuefield do objeto CipherToken.

12. Adicionar todos os valores de custo de tempo aos campos do objeto CipherToken.

13. Devolve o objeto CipherToken.

A figura C.6 ilustra um exemplo de mensagem SOAP recebida no momento da resposta ao objeto CreditStatusToken. A mensagem de abertura do objeto CreditStatusToken apontada para o campo CipherValue do objeto CipherToken pode ser vista na figura C.7.

5.4 Serviços de Token de Segurança de Serviço

O serviço Web ServiceSTS tem dois métodos Web que permitem ao cliente optar por uma comunicação baseada em texto simples ou por uma comunicação segura. O método Web Request_Plain utilizado para a comunicação baseada em texto simples requer dois atributos: IDToken encapsulado pelo objeto CipherToken em formato de texto simples e CreditStatusToken encapsulado pelo objeto CipherToken em formato de texto simples.O método Web de pedido que utiliza uma comunicação segura requer três atributos: o objeto KeyExchangeToken, que tem campos cifrados com o algoritmo RSA assimétrico, o objeto IDToken, cifrado com a chave de sessão encapsulada pelo objeto CipherToken, e o objeto CreditStatusToken, cifrado com a chave de sessão encapsulada pelo objeto CipherToken. Fundamentalmente, a estrutura dos métodos Web é muito semelhante, apenas os processos de desencriptação, encriptação e criação de verificação de assinatura foram adicionados ao método Web de pedido. Todos os passos são descritos abaixo para o método Web de pedido do ServiceSTS:

1. Executar a operação de desserialização XML para o objeto CipherToken que encapsula o objeto KeyExchangeToken.

2. Desencripta os campos do objeto KeyExchangToken para obter a chave de sessão com o algoritmo RSA e utiliza a chave privada do certificado do ServiceSTS.

3. Cria um objeto SessionKey que contém informações sobre a SessionKey em formato de texto simples. Todas as informações foram retiradas do decryptedKeyExchangeObject.

4. Desencripta o CipherObject que encapsula o objeto IDToken encriptado e os seus dados de assinatura com a chave de sessão.

5. Desencripta outro CipherObject que encapsula o objeto encriptadoCreditStatusToken e os seus dados de assinatura com a chave de sessão.

6. Verificar ambas as assinaturas utilizando a chave pública do certificado deIdentitySTS, CreditStatusSTS e os tempos de vida do IDToken,CreditStatusToken.

7. Criar um serviço de dados se ambos forem verificados.

8. Encriptar os dados do serviço com a chave de sessão.

9. Assinar os dados encriptados do serviço utilizando a chave privada do certificado deServiceSTS.

10. Criar um objeto CipherToken.

11. Incluir dados de serviço encriptados no campo cipherValue do objeto CipherToken.

12. Incluir o campo signature signatureValue do objeto CipherToken.

13. Adicionar todos os valores de custo de tempo aos campos do objeto CipherToken.

14. Devolver o objeto CipherToken.Em suma, todos os processos de implementação do nosso cenário foram explicados passo a passo. No próximo tópico, as experiências e os seus resultados serão apresentados em pormenor.

5.5 Experiências

A fim de obter valores operacionais da arquitetura de segurança de serviços web distribuídos, são realizados vários testes utilizando diferentes algoritmos baseados em criptografia. Estes testes são efectuados no laboratório em quatro computadores diferentes, cujas especificações são descritas abaixo:

1. Especificações do computador cliente

- CPU Pentium 4 3.4 GHZ
- 2,00 GB DE RAM
- Sistema operativo Windows XP SP2
- .Net Framework 2.0

2. Especificações do computador IdentitySTS

- CPU Pentium 4 2.00 GHZ
- 512 MB DE RAM
- Sistema operativo Windows XP SP2
- .Net Framework 2.0

3. CreditStatusSTS Especificações informáticas

- CPU Pentium 4 3.00 GHZ
- 2,00 GB DE RAM
- Sistema operativo Windows XP SP2
- .Net Framework 2.0

4. ServiceSTS Especificações do computador

- CPU Pentium 4 3,40 GHZ
- 2,00 GB DE RAM
- Sistema operativo Windows XP SP2
- .Net Framework 2.0

Serviço Serviços de segurança incorporados no Internet Information Service 5.1 (IIS 5.1) no topo do ambiente .Net Framework 2.0. A aplicação cliente é executada no ambiente .NetFramework 2.0. Os resultados também afectaram o sistema operacional e os ruídos e processos em segundo plano do .Netframework. A eliminação destes problemas é impossível, pelo que a avaliação dos resultados de desempenho deve ser efectuada tendo em conta o problema do ruído de fundo.

A especificação dos algoritmos criptográficos é apresentada a seguir:

1. Algoritmo DES triplo

- Triplo DES BlockSize = 64
- Triplo DES FeedBackSize = 8
- Comprimento do vetor de inicialização do DES triplo = 8
- Tamanho da chave DES triplo = 192
- Modo DES triplo = CBC
- Modo de preenchimento Triple DES = PKCS7

2. Algoritmo Rijndael

- RijndaelBlockSize = 128
- RijndaelFeedBackSize = 128
- Comprimento do vetor de inicialização Rijndael = 16
- Tamanho da chave Rijndael = 256
- Modo Rijndael = CBC
- Modo de preenchimento Rijndael = PKCS7

3. Algoritmo RSA

- RSA KeyExchangeAlgorithm = RSA-PKCS1-KeyEx
- RSA KeySize = 1024
- RSA SignatureAlgorithm = http://www.w3.org/2000/09/xmldsig#rsasha1

O objetivo é a observação estatística das medidas de comunicação Rijndael, Triple DEScommunications no .Net Framework 2.0 em diferentes configurações de rede. Para obter o custo de tempo de cada ciclo, foram recolhidas amostras de teste para cada algoritmo de comunicação baseado em criptografia.

A fim de observar os efeitos das configurações de rede, foram utilizadas três localizações de rede diferentes: local, distribuída e duas localizações de rede de computadores. Na estrutura local, todos os serviços e aplicações do cliente foram configurados no computador do cliente. Na estrutura distribuída, todos os serviços e a aplicação cliente foram configurados na própria máquina. Na estrutura de dois computadores, todos os serviços foram configurados para o computador CreditStatusSTS e a aplicação cliente foi configurada para o computador cliente.

5.6 Avaliação das experiências em métodos estatísticos

A análise de variância (ANOVA) (Montgomery 1997) foi utilizada para avaliar estatisticamente os dados das experiências. A análise de variância é uma técnica estatística para analisar dados experimentais. Subdivide a variação total de um conjunto de dados em partes componentes significativas associadas a fontes específicas de variação, a fim de testar uma hipótese sobre os parâmetros do modelo. 16 experimento fatorial 2*3 replicado (Montgomery 1997), que tem métodos criptográficos assimétricos (Rijndael e Triple DES) e configurações de rede

(Local, Distribuído e Dois Computadores) são factores, foi utilizado. Neste projeto, o fator dos métodos criptográficos assimétricos, que é o Rijndael e o Triple DES, é de dois níveis e o fator das configurações de rede é de três níveis (Local, Distribuído e Dois Computadores). Todos os dados foram obtidos através do cálculo das médias de 500 medições.

O objetivo da escolha do desenho fatorial é determinar as interacções entre os factores que vão designar os efeitos. Todas as experiências, que foram efectuadas quatro vezes por dia, foram realizadas em quatro dias (08-11.09.2008).

A tabela ANOVA mostrada na Tabela 5.1, que foi obtida completa do modelo de análise de variância, está abaixo. O modelo envolvendo métodos criptográficos simétricos, configurações de rede e efeitos de interação. Este modelo foi determinado como um modelo estatisticamente significativo ($F = 32,19$, $P < 0,0001$).

Tabela 5.1. Tabela ANOVA do modelo completo de análise de variância

Fonte	DF	Soma dos quadrados	Quadrado médio	Valor F	Pr> F
Modelo	20	0.48137131	0.02406857	32.19	<.0001
Erro	75	0.05607238	0.00074763		

Corrigido Total	95	0.53744369			

As médias dos efeitos principais dos tempos de resposta que foram incluídos no modelo são apresentadas na Tabela 5.2, na Tabela 5.3 e na Tabela 5.4. Após a análise de variância, o efeito das configurações de rede incluído no modelo foi determinado como estatisticamente significativo (F=103,86, P<0,0001). Se os efeitos de tempo forem considerados como efeito de bloco, os efeitos de tempo foram determinados como estatisticamente significativos (F = 29,05, P < 0,0001). O efeito da criptografia simétrica foi determinado como estatisticamente insignificante (F = 0,29, P = 0,5899). A interação entre os métodos criptográficos simétricos e as definições de rede foi determinada como estatisticamente insignificante (F = 0,06, P = 0,9448), como mostra a Tabela 5.5. Os efeitos de interação estatisticamente insignificantes mostram que os métodos criptográficos simétricos (Rijndael e Triple DES) reagem de forma independente através das definições de rede (Local, Distribuída e Dois computadores) e vice-versa.

Tabela 5.2. Médias dos efeitos das configurações de rede

Nível de pontuação REDE DEFINIÇÕES	N	Pontuação	
		Média	**StdDev**
2 Computador	32	0.44743359	0.05480471
Distribuído	32	0.50733984 0	0.05762563
Local	32	0.54511914 0.	0.07748063

Tabela 5.3. Meios dos métodos criptográficos simétricos Efeitos

Nível de pontuação REDE DEFINIÇÕES	N	Pontuação	
		Média	**StdDev**
Ri6jndael	48	0.49845378	0.07529177

Tri6plo DES	48	0.50733984 0	0.05762563

Tabela 5.4. Médias das repetições da experiência

Nível de Repetição	**N**	**Pontuação**	
		Média	**StdDev**
1	**6**	0.41628125	0.03436473
2	**6**	0.41517708	0.03352135
3	6	0.42054688	0.03689504
4	6	0.47943229	0.12119088
5	6	0.58668229	0.06460875
6	6	0.58857813	0.05572307
7	6	0.59486979	0.06464872
8	6	0.58821354	0.05668958
9	6	0.49957292	0.02650188
10	6	0.48925000	0.03510945
11	6	0.49131250	0.02896885
12	6	0.48823438	0.03706502
13	6	0.48945313	0.03684678
14	6	0.48391667	0.03262721
15	6	0.48425000	0.04101718
16	6	0.48365625	0.03248284

Tabela 5.5. A análise da tabela de variância para cada efeito

Fonte	**DF**	**Tipo I SS**	**Média Quadrado**	**Valor F**	**Pr > F**
REDE DEFINIÇÕES	2	0.15529067	0.07764533	103.86	<.0001

Criptográfico Método	1	0.00021901	0.00021901	0.29	0.5899
Repetição	15	0.32577668	0.02171845	29.05	<.0001
Rede Definições* Método criptográfico	2	0.00008495	0.00004247	0.06	0.9448

No início das experiências, os resultados esperados eram a definição da diferença entre o efeito das definições de rede e o efeito dos métodos criptográficos simétricos considerando a interação entre si. Embora os resultados esperados fossem a determinação da diferença estatisticamente significativa entre o efeito dos métodos criptográficos simétricos, a análise estatística não conseguiu descobrir o efeito estatisticamente significativo para os métodos criptográficos Rijndael e Triple DES e a interação entre as definições de rede. O resultado esperado para as definições de rede foi observado, uma vez que o efeito das definições de rede foi determinado de forma estatisticamente significativa.

Como ilustrado na Tabela 5.2, ao considerar os tempos de resposta da nossa implementação

No desenvolvimento de uma arquitetura de segurança de serviços Web baseada na .Net Framework, o tempo de resposta mais curto pertence à configuração de rede de dois computadores, o segundo pertence à configuração de rede distribuída e o tempo de resposta mais longo pertence à configuração de rede local. Estes resultados devem ser comentados tendo em conta o ruído de fundo da .Net Framework 2.0 e do Windows XP, uma vez que é impossível eliminar e prever o ruído destas plataformas.

CONCLUSÃO

Nesta tese, foram lançadas as bases de uma estrutura mais abrangente para a segurança dos serviços Web. A arquitetura sugerida demonstra um exemplo de intermediação de confiança para vários fins. O facto de cada um dos intervenientes estar localizado em diferentes domínios de segurança pode ser considerado como uma pista para a implementação de um quadro de federação para arquitecturas orientadas para os serviços.

O cenário foi escolhido tendo em conta quatro ingredientes fundamentais, que são a autenticação, a autorização, a integridade e a confidencialidade, da arquitetura de segurança dos serviços Web distribuídos. Este cenário é implementado no .NET Framework. A aplicação da arquitetura de segurança dos serviços Web só funciona com tokens, utilizando algoritmos criptográficos no .NET Framework 2.0. O serviço verifica se os tokens são válidos ou não e responde a uma mensagem tendo em conta o processo de validação dos tokens. Os custos de tempo de todos os processos são calculados e guardados num ficheiro para comentar a eficiência e o desempenho do custo dos ingredientes de segurança da arquitetura. Foram utilizadas 16 experiências factoriais 2*3 replicadas (Montgomery 1997), que têm como factores os métodos criptográficos simétricos (Rijndael e Triple DES) e as configurações de rede (Local, Distribuída e Dois Computadores). Neste projeto, o fator dos métodos criptográficos simétricos, que são o Rijndael e o Triple DES, é de dois níveis e o fator das configurações de rede é composto por três níveis (Local, Distribuído e Dois Computadores). Todos os dados foram obtidos através do cálculo das médias de 500 medições. A análise estatística não permitiu descobrir o efeito estatisticamente significativo dos métodos criptográficos Rijndael e Triple DES e da interação entre as definições de rede. Considerando os tempos de resposta da nossa implementação do desenvolvimento de uma arquitetura de segurança de serviços Web baseada na estrutura .Net, o tempo de resposta mais curto pertence à configuração de rede de dois computadores, seguido da configuração de rede distribuída e o tempo de resposta mais longo pertence à configuração de rede local. Estes resultados devem ser comentados tendo em conta o ruído de fundo da .Net Framework 2.0 e do Windows XP, uma vez que é impossível eliminar e prever o ruído destas plataformas.

Como trabalho futuro, podem ser acrescentadas a esta arquitetura outras extensões, como o suporte de diferentes fichas de segurança, como as fichas Kerberos. A fim de descobrir o tempo de resposta mais curto, as propriedades dos algoritmos simétricos (Rijndael e Triple DES) podem também ser modificadas e pode ser efectuada uma nova conceção da experiência para estas novas propriedades. Para uma operação de troca de chaves mais robusta, as propriedades do algoritmo assimétrico (RSA) podem ser modificadas e os tempos de resposta podem ser analisados estatisticamente.

Os ruídos de fundo, que são impossíveis de eliminar, podem ser objeto de uma análise estatística aprofundada para encontrar uma função ou um período que permita compreender a atitude dos efeitos.

REFERÊNCIAS

1. Hongbing Wang, 1, 2, 3 Joshua Zhexue Huang, 3 YuzhongQu, 2 JunyuanXie, Department of Computer Science and Technology, Nanjing University, Nanjing 210093, China Email: hbw@seu.edu.cn Department of Computer Science and Engineering, Southeast University, Nanjing 210096, China Eamil: yzqu@seu.edu.cn E-Business Technology Institute, The University of Hong Kong, Hong Kong, ChinaEmail: jhuang@eti.hku.hk

2. Atkinson B., Libera M., Hada M. e Hondo I. 2002. Web Services Security (WSSecurity), IBM, Microsoft, VeriSign, http://www-106.ibm.com/developerworks/webservices /library/ ws-secure / .

3. Bass L., Clements P., Kazman R. 1997. *Software Architecture in Practice.* AddisionWesley.

4. Bellare M., Canetti R. e Krawczyk H. 1996. Keying Hash Functions for Message Authentication. http://www-cse.ucsd.edu/~mihir/papers/kmd5.pdf.

5. Birdwell R., Cornes O. 2001. *Iniciando o ASP. NET usando VB.NET.* Wrox Press.

6. Booth D., Haas H. 2004. World Wide Web Consortium (Grupo de Trabalho do W3C).http://www.w3.org/TR/ws-arch/

7. Bustos J. e Watson K. 2002. *Beginning .NET Web Services using Visual Basic.NET.* Wrox Press Ltd.

8. Campbell B., Lockhart H. 2007. Serviços de Segurança OASIS (SAML), http://www.oasisopen. org/committees/tc_home.php?wg_abbrev=security .

9. Curbera F., Duftler M. 2002. *Unraveling web services web.* IEEE, Internet Computing.

10. Publicação de Normas Federais de Processamento de Informação 1995. Secure Hash Standard. http://www.itl.nist.gov/fipspubs/fip180-1.htm.

11. Ford W., Hallam-Baker P., Fox B., Dillaway B., LaMacchia B., Epstein J. e Lapp J. 2001. XML Key Management Specification (XKMS). http://www.w3.org/TR /xkms/.

12. Garfinkel S., Spafford G. 1996. *Practical Unix and Security.* O'Reilly, 2ª edição.

13. Hasan J. 2006. *Arquitetura orientada para serviços especializados em C#2005.* Springer-Verlag NewYork, Inc.

14. Hendrickson S. 2006. *Segurança dos Serviços Web: uma proposta de arquitetura para uma relação de confiança inter-domínio.* Mestrado em Ciências do IYTE.

15. IBM Feeds 2002. Segurança dos Serviços Web. http://www.ibm.com/developerworks/ library/specification /ws-secure/.

16. Magedanz T., Blum N., Dutkowski S. 2007. Evolução dos Conceitos SOA nas Telecomunicações, http://doi.ieeecomputersociety.org/10.1109/MC.2007.384.

17. Madsen P. 2006. WS-Trust: Segurança interoperável para serviços Web.

http://webservices.xml.com/pub/a/ws/2003/06/24/ws-trust.html?page=1.

18. McGovern J., Tyagi S., Stevens M. e Mathew S. 2003. *Java Web ServicesArchitecture.* Morgan Kaufmann Publishers.

19. Microsoft Corporation 2002. Microsoft Corporation. http://samples.gotdotnet.com/quick start/aspplus/doc/webservicesintro.aspx.

20. Centro de Desenvolvimento de Padrões e Práticas da Microsoft 2005. Implementando a segurança da camada de transporte e mensagem. http://msdn2.microsoft.com/en-us/library/aa480582.aspx.

21. Montgomery D. 1997. *Introduction to Statistical Quality Control.* John Wiley &Dons, Inc.

22. Nakamura Y., Tatsubori M., Imamura T. e Ono K. 2005. *Model-Driven Security Based on a Web Services Security Architecture*. IBM Tokyo ResearchLaboratory.

23. Parducci B., Lockhart H. 2008. OASIS Extensible Access Control Markup Language (XACML), http://www.oasis-open.org/committees/tc home.php

wg abbrev=xacml.

24. Raskin D. 2008. Federação de Identidade: The Inside Story (Literalmente).

http://www.sun.com/emrkt/campaign docs/idmgmt/newsletter/1107feature.html.

25. Laboratórios RSA 2007. RSA Laboratories, What are Message Authentication Codes,http://www.rsa.com/rsalabs/node.asp?id=2177.

26. Sehring H. 2006. Arquitecturas de software. http://www.sts.tu-harburg.de.

27. Stallings W. 2003. *Network Security Essentials Applications and Standards.* PrenticeHall.

28. Sun Microsystems Inc. 2006. A plataforma Soa. http://www.sun.com/software/whitepapers/soa/soa platform guide.pdf

29. Sun Microsystems 2001. Sun Microsystems, Jini Network Technology. http://www.sun.com/software/jini/.

30. Thai T., Lam H. 2000. *.Net Framework Essentials.* O'Reilly, 3ª edição.Thorsteinson P., Ganesh G. 2003. *.NET Security and Cryptography.* Prentice Hall.W3Schools 2007. W3 Schools, Introdução ao SOAP. http://www.w3schools.com/soap/soap intro.asp.

31. Wahli U., Kjaer T., Robertson B., Satoh F., Schneider F., Szczeponik W. e WhyleyC. 2006.

WebSphere Versão 6: Manual de Serviços Web: Development andDeployment. IBM Press.

32. D.Fensel, C.Bussle, Web Services Modeling Framework, Electronic Commerce Research and Applications, 1(2002)113-137. .

33. R. Agrawal et al, "Vinci: Uma arquitetura orientada para os serviços para o desenvolvimento rápido de aplicações Web", em WWW10 Hongkong, maio de 2001

34. L. Gong, "A secure identity-based capability system", Actas do Simpósio IEEE sobre Segurança e Privacidade, páginas 56--63, 1989

35. J.S. Park e R.S. Sandhu, "Role-based access control on the web", ACM Transactions on Information System Security (volume 4 #1), 2001 pp 37-71

36. R. S. Sandhu, et al. "Role-Based Access Control Models", IEEE Computer 29(2): 38- 47, IEEE Press, 1996

37. H. M. Levy. "Capability-Based Computer System",. Digital Press, 1984

38. J. Biskup e S. Wortmann, "Towards a credential-based implementation of compound access control policies", Proceedings of SACMAT '04 pp 31-40

39. Lucent Technologies, Bell Labs Advanced Technologies EMEA Twente Capitool 5, 7521 PL Enschede, Países Baixos

40. T. Dierks e C. Allen, "The TLS Protocol Version 1.0," RFC 2246 (Proposed Standard), Internet Engineering Task Force, Jan. 1999, obsoleto pelo RFC 4346, atualizado pelos RFCs 3546, 5746. [Online]. Disponível em: http://www.ietf.org/rfc/rfc2246.txt

41. J. Thelin Chief Architect, CapeConnect Cape Clear Software, Inc., P.J. Murray Product Manager, CapeConnect,Cape Clear Software, Inc.

Printed by Books on Demand GmbH, Norderstedt / Germany